Gianfranco Drogant

GUIA ESTÁDIO LISBOA

Título | Guia Estàdio Lisboa
Autor | Gianfranco Drogant
ISBN | 978-88-92605-08-4

Youcanprint Self-Publishing
Via Roma, 73 – 73039 Tricase (LE) – Italy
www.youcanprint.it
info@youcanprint.it
Facebook: facebook.com/youcanprint.it
Twitter: twitter.com/youcanprintit

- Índice -

Quantas vezes a beleza do futebol é porque este sabe falar de si próprio mesmo sem ser num jogo.

Visitar estádios sempre foi a minha paixão, uma forma de enriquecimento pessoal, mas também e sobretudo a partilha de emoções. Não importa que sejam de 60.000 ou de 1.000 lugares, cada um deles é uma descoberta, uma história, uma retrato, uma recordação sem igual.

Para muitos Lisboa poderá ser apenas a cidade do Benfica e do Sporting, futebolisticamente falando, indubitavelmente importantes para o futebol português, mas não são os únicos.

Outras realidades pequenas e agradáveis fazem parte da envolvência, delimitando o orgulho nos bairros da capital dentro de um nome e de uma bandeira.

A paixão, a cordialidade e a disponibilidade que encontrei nos presidentes, dirigentes ou nos simples mas grandes fãs é o que brilha assim que nos cruzamos em Lisboa com uma destas sociedades desportivas de futebol.

O europeu de 2004 fez brilhar os dois estádios mais importantes de Lisboa: o Estádio da Luz e o Estádio José de Alvalade, com imponentes reestruturações oferencendo-nos duas autênticas jóias para visitar.

A crise económica que atingiu Portugal, não poupou muitos dos clubes de categoria inferior que vão fazendo o que podem para sobreviver.

Isto é tanto mais visível nos estádios e na manutenção que é feita, sobretudo de pintura fresca como forma de ressaltar as cores do clube, do que de intervenções propriamente ditas na própria estrutura do edifício.

No entanto não ficarão desapontados com o tour dos estádio de Lisboa. Tanto as estruturas novas como as mais antigas tornam-se um quadro na capital oferecendo vistas maravilhosas de vos deixar de boca aberta de espanto.

Um particular agradecimento ao presidente do Futebol do Benfica pela forma bonita como nos acolheu, abrindo-nos todas as portas do estádio e por nos ter feito ofertas de produtos do clube e *"gadgets"*. Aos históricos e apaixonados dirigentes do Clube Casa Pia pelas suas minuciosas explicações, aos dirigentes do Oriental que após um forte aguaceiro de tudo fizeram para facilitar a nossa visita, às mais velhas e sábias pessoas do Atlético, às autorizações concedidas para entrar no Estádio do Jamor, à disponibilidade dos dirigentes do CAC e aos clubes que nos deixaram documentar as suas instalações desportivas.

BILHETEIRA
TICKET OFFICE

ESTÁDIO
NACIONAL

2. COMO SE DESLOCAR

Os estádios de Lisboa têm características diferentes com base nas instalações e na organização da empresa. O Benfica, o Sporting e o Belenenses oferecem um tour que pelas várias áreas dos estádios, enquanto que os restantes não tendo este serviço podem ser contactados directamente e acordar um dia e uma hora para que se possa aceder ao estádio numa hora na qual decorram actividades no clube.

O livre acesso à estrutura permite ver calmamente e sem multidão as instalações desportivas. Os clubes são todos acessíveis mas nalguns não conseguirão visitar os balneários, as áreas técnicas ou andar no relvado. Comprar um bilhete para um jogo será sempre uma boa maneira de aproveitar o estádio e as áreas públicas no interior do mesmo. Os estádios em Lisboa não têm pista de atletismo (exceptuando o Belenenses e o Casa Pia) ganhando o lado visual sobre o campo. As estruturas, totalmente diferentes entre eles e o ambiente dos fãs vale certamente o preço do bilhete.

Apresentamos a lista dos clubes e dos vários acessos:

Importante: Imprimir o mail com a confirmação da reserva que assinala a data e o horário.

NATIONAL DO JAMOR 

 Acessível através de reserva.

BENFICA 

Acessível com bilhete para um jogo ou tour do estádio.

SPORTING LISBONA 

Acessível com bilhete para um jogo ou tour do estádio.

BELENENSES 

Acessível com bilhete para um jogo, tour do estádio, ou livre no horário das instalações desportivas (não ao campo).

ATLETICO CP 

Acessível com bilhete para um jogo ou livremente apresentando o pedido por mail.

CASA PIA 

Acessível com bilhete para um jogo ou acompanhado pelo *"staff"* apresentando
o pedido por mail.

ORIENTAL 

Acessível com bilhete para um jogo ou livremente acompanhado pelo *"staff"*
apresentando o pedido por mail.

OLIVAIS MOSCAVIDE 

Acessível apresentando o pedido por mail.

C.F. BENFICA 

Acessível com bilhete para um jogo ou acompanhado pelo *"staff"* apresentando
o pedido por mail.

VITORIA 

Acessível com bilhete para um jogo ou livremente apresentando o pedido por
mail.

OLIVAIS 

Acessível com bilhete para um jogo ou livremente apresentando o pedido por
mail.

CAC 

Acessível com bilhete para um jogo ou acompanhado pelo *"staff"* apresentando
o pedido por mail.

COMPLEXO DO LUMIAR

Acessível com bilhete para um jogo ou livremente nos jogos dos juvenis ou
apresentando o pedido por mail.

BENFICA

Internet: www.slbenfica.pt
Email: sec.geral@slbenfica.pt
Contactos:

Administração Financeira
Tel. (+351) 21 721 95 41 Fax. (+351) 21 721 95 46
Atendimento Sócios
Tel. (+351) 707 200 100 Fax. (+351) 21 721 95 95
Bilheteiras
Tel. (+351) 707 200 100
Casas do Benfica
Tel. (+351) 21 721 95 43 Fax. (+351) 21 721 95 48
Clínica Benfica
Tel. (+351) 21 710 70 66 Fax. (+351) 21 710 60 67
Comercial e Marketing
Tel. (+351) 21 721 95 67 Fax. (+351) 21 721 95 62
Dep. Prospecção
Tel. (+351) 707 200 100
Escolas de Futebol
Tel. (+351) 707 200 100 Fax. (+351) 21 721 95 89
Futebol Formação
Tel. (+351) 21 721 95 17 Fax. (+351) 21 721 95 83
Futebol Profissional
Tel. (+351) 21 721 95 55 Fax. (+351) 21 721 95 51
Gabinete de Comunicação
Fax. (+351) 21 721 95 46
Gabinete Presidência
Tel. (+351) 21 721 95 16 Fax. (+351) 21 721 95 50
Geral
Tel. (+351) 21 721 95 00
Jazzy Life Club
Tel. (+351) 21 716 17 74
Jornal "O Benfica"
Tel. (+351) 21 721 95 40 Fax. (+351) 21 721 95 46

Jurídico

Tel. (+351) 21 721 95 26 Fax. (+351) 21 721 95 46
 Linha Benfica

Tel. (+351) 707 200 100
 Loja Adidas

Tel. (+351) 21 715 13 80
 Merchandising e Licenciamento

Tel. (+351) 21 721 95 24 Fax. (+351) 21 721 95 62
 Modalidades

Tel. (+351) 21 721 95 35 Fax. (+351) 21 721 95 73
 Organização de Jogos

Tel. (+351) 21 721 95 60 Fax. (+351) 21 721 95 61
 Património

Tel. (+351) 707 200 100
 Piscinas

Tel. (+351) 707 200 100 Fax. (+351) 21 721 95 73
 Recursos Humanos

Tel. (+351) 707 200 100 Fax. (+351) 21 721 95 46
 Relações Públicas

Tel. (+351) 707 200 100 Fax. (+351) 21 721 95 21
 Restaurante "Catedral da Cerveja"

Tel. (+351) 21 712 51 80 Telm. (+351) 91 920 86 88
 Restaurante CHIMARRÃO

Fax. (+351) 21 715 56 25
 Restaurante 3º Anel

Telm. (+351) 96 785 16 50
 Secretaria Geral

Tel. (+351) 21 721 95 53 Fax. (+351) 21 721 95 46
 Serviço a Clientes

Tel. (+351) 707 200 100 Fax. (+351) 21 721 95 62
 Sistemas de Informação

Tel. (+351) 21 721 95 67 Fax. (+351) 21 721 95 62
 Títulos Fundadores e Centenarium

Tel. (+351) 707 200 100 Fax. (+351) 21 721 95 95

Estádio da Luz
Endereço: Av. General Norton de Matos, 1500-313 Lisboa
Inauguração: 2003
Capacidade: 64642

: Colégio Militar/Luz (linha Azul)
Andar para sudoeste na Rua Galileu Galilei em direcção ao Colégio Militar, virar à esquerda e entrar na Av. Colégio Militar.
Virar ligeiramente à direita e seguir na paralela Praça Cosme Damião até ao final, voltar à direita no túnel com os murais do Benfica, assim que chegarem ao fim encontram-se em frente ao estádio.

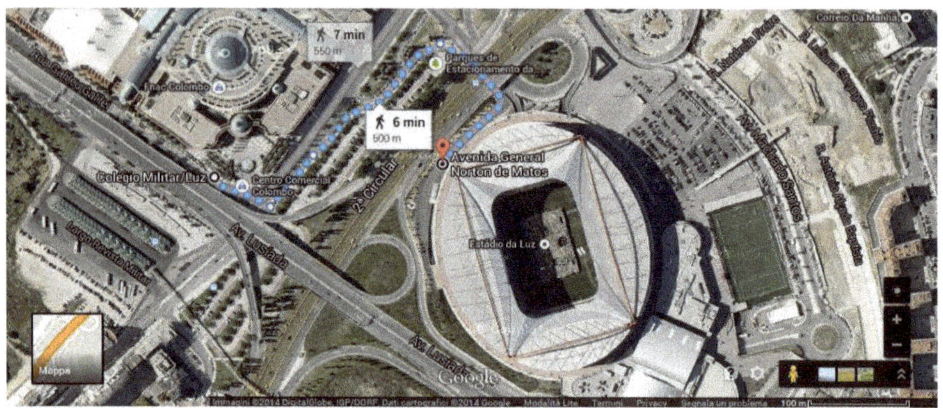

fonte - http://mapas.google.it

aquisição de bilhetes
Dia de jogo: das 10h00 até à hora do jogo.
Todos os dias que não haja jogo: os bilhetes adquirem-se na Benfica Megastore: 10h00 às 20h00.

Internet: https://loja.slbenfica.pt/bilhetes.aspx
Qualquer dúvida contacte (+351) 707200100 ou envie email para multimedia@slbenfica.pt.

Loja do clube
endereço: Av. General Norton de Matos, 1500-313 Lisboa
Tel: (+351) 707200100
Dia de jogo: das 10h00 até ao intervalo;
Todos os dias que não haja jogo: os bilhetes adquirem-se na Benfica Megastore, 10h00 às 20h00.

Internet: http://loja.slbenfica.pt/pt-pt/home.aspx
Email: multimedia@slbenfica.pt.

A Benfica Megastore situa-se no seguinte endereço:
Estádio Sport Lisboa e Benfica - junto à Porta 18
Av. General Norton de Matos
1500-313, Lisboa

tour Estádio da Luz

Itinerário a seguir:

1. Início do tour na porta Nº 18
2. Área VIP
3. Balneário da equipa visitante
4. Sala de Conferência de Imprensa
5. Túnel dos Jogadores
6. Relvado
7. Benfica Megastore

PREÇO PÚBLICO	**VISITA ESTÁDIO**	**VISITA ESTÁDIO E MUSEU**
Adulto (18 – 64 anos, inclusive)	10,00 €	15,00 €
Criança (4 – 17 anos, inclusive)	4,00 €	6,00 €
Família	20,00 €	34,00 €
Sénior (mais de 65 anos)	6,00 €	10,00 €

PREÇO SÓCIO		
Com *Red Pass*	0.00 €	0.00 €
Sem *Red Pass*	0.00 €	5 €
Sócio menor pagante	0.00 €	0.00 €
Sócio menor isento	0.00 €	2.5 €
Preço de família (obrigatoriedade de um adulto Sócio)	15 €	25 €

Notas:

Horário do Museu: 10:00h às 18h, todos os dias da semana (em dia de jogo encerra à hora de início do mesmo).
Família = 2 adultos + 2 crianças ou 1 adulto + 3 crianças. O sénior pode substituir a criança.
Entrada gratuita a menores de 4 anos.
Bilhetes à venda na Benfica Megastore.
Obrigatoriedade de apresentação do Cartão de Sócio e do Cartão Red Pass (caso disponha) para efetuar o levantamento do respetivo bilhete.
Acesso ao Estádio e Museu mediante apresentação do Cartão de Sócio (pessoal e intransmissível).
Sócios com Cartão Red Pass só podem visitar o Museu e o Estádio uma vez por dia.
Os bilhetes poderão ser adquiridos na Benfica Megastore entre as 10h00 e as 17h30

Email: visitasestadio@slbenfica.pt
(Dias úteis, até às 17h45 de sexta-feira).

Horários

A partir de dia 1 de Outubro os horários a vigorar para as visitas guiadas ao Estádio são: 10h00, 10h30, 11h00, 11h30, 12h00, 12h30, 13h00, 13h30, 14h00, 14h30, 15h00, 15h30, 16h00, 16h30 e 17h00, 17h:30.

Fonte: www.slbenfica.pt

SPORTING LISBOA

Internet: www.sporting.pt
Email: sporting@sportmultimedia.pt
Contactos

Linha Sporting
Tel: (+351) 707 20 44 44
Segunda a Domingo: entre as 10:00 e as 19:00 (GMT)
Dias de jogo: das 10:00 até ao início da 2ª parte (GMT)

Academia Sporting
Geral: Tel: (+351) 212 327 400   Fax: (+351) 212 327 490
Recrutamento: recrutamento@sporting.pt
EAS: eas@sporting.pt
Férias Desportivas: academia@sporting.pt
Estágios de aperfeiçoamento técnico-táctico: eatt@sporting.pt

Estádio José Alvalade
Morada: Rua Professor Fernando da Fonseca Apartado 4120, 1501-806 Lisboa
Tel: (+351) 217516000

Merchandising
Licenciamento: Tel: (+351) 217516461   licenciamento@sporting.pt
Vendas, Distribuição e Núcleos: Tel: (+351) 217516453 distribuicao@sporting.pt

Direcção de Relações Institucionais e Expansão (Núcleos)
Tel: (+351) 217516133 ou 134   Fax: (+351) 217599459 drie@sporting.pt

Jornal Sporting
Tel: (+351) 217516155   Fax: (+351) 217516485 assinaturajornal@sporting.pt

Sporting Eventos
Tel: (+351) 217516444   Fax: (+351) 217516585

Mundo Sporting
Tel: (+351) 217516164   Fax: (+351) 217516786

Multidesportivo / Modalidades
Tel: (+351) 217516544 / 545   Fax: (+351) 217591111

Estádio José Alvalade
Endereço: Rua Professor Fernando da Fonseca Apartado 4120, 1501-806
Lisboa
Inauguração: 2003
Capacidade: 50044

metro: Estação Campo Grande (linha Verde ou Amarela)
Sair em direcção à Estr. de Telheiras. Andando para o lado esquerdo
encontram o estádio à vossa frente.

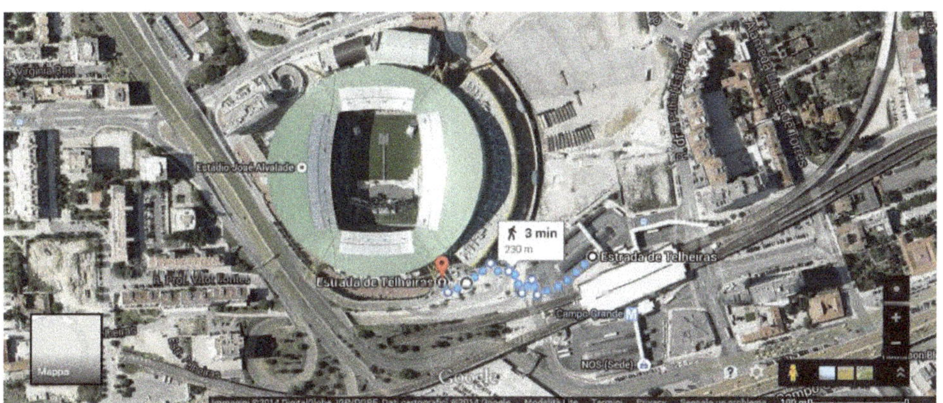

fonte - http://maps.google.it

compra de bilhetes
http://www.sporting.pt/Bilhetes/eventos.asp

Importante: Entrada proibida a crianças até completarem 3 anos.

Dados de Sócio / Não Sócio
O registo de Sócio é realizado com o nº de BI que consta na base de dados de
Sócios;
Caso pretenda adicionar mais bilhetes de Sócio, repita o processo anterior;
Para adquirir bilhetes de Não Sócios, adicione apenas a quantidade de bilhetes
a comprar;
assim que a lista de Sócios e de Não Sócios se encontrar concluída, clique no
botão 'continuar'.

Bilhete Electrónico
Caso deseje receber este tipo de bilhete, a entrega é imediata por e-mail,
bastando para tal imprimir o PDF que irá receber na sua caixa de correio
electrónica, de forma a entrar no Estádio José Alvalade.

Escolha da Bancada / Sector
Escolha a bancada disponível (passe com o cursor do rato por cima do Estádio
e veja a legenda);
Para a bancada seleccionada, escolha o sector pretendido.

Escolha de Lugar(es)
Consulte a legenda da imagem para perceber quais os lugares que se
encontram livres;
Confirme o lugar seleccionado e clique no botão 'continuar';
Preencha os dados de encomenda e clique no botão 'finalizar'.

Pagamento
Confirme os dados do resumo da sua encomenda;
Leia e aceite as condições de venda do site do Sporting Clube de Portugal;
Escolha o meio de pagamento da sua encomenda e finalize o processo
Meios de pagamento: Multibanco, VISA, MasterCard e Mbnet.
O meio de pagamento Multibanco é disponibilizado no início da venda de
bilhetes, sendo retirado às 23h59 da véspera do dia do jogo. A partir desse
momento, apenas ficam disponíveis os restantes meios de pagamentos. Os
clientes que optem pela opção Multibanco, terão de cumprir os seguintes
tempos para concluir o pagamento, sendo que os lugares escolhidos ficam
reservados em igual período:
    ▸Até 2 dias da data do jogo - A encomenda terá de ser paga num prazo
máximo de 4 horas;
    ▸A partir da véspera da data do jogo - Prazo máximo de 10 minutos.

Loja do clube
Loja Verde: Tel: (+351) 217516472   Fax: (+351) 217516585
Dias: Provisoriamente no Hall Vip do Estádio entre as 10h00 e as 19h00
Internet:www.sporting.pt/OnlineShop/CategoryProducts/CategoryProducts40
SCP.asp
Email: lojaverde@sporting.pt

VISITAS
(Os valores apresentados incluem IVA)

ESTÁDIO

Público	€7,00	€5,00
Sócios	€4,00	€2,00
Núcleos **(c)** e Seniores **(d)**	€4,00	-

ESTÁDIO + MUSEU MUNDO SPORTING

Público	€10,00	€6,00
Sócios	€6,00	€3,00
Núcleos **(c)** e Seniores **(d)**	€6,00	-

MUSEU MUNDO SPORTING

Público	€8,00	€5,00
Sócios	€4,00	€2,00
Núcleos **(c)** e Seniores **(d)**	€4,00	

(a) a partir dos 12 (inclusivé) e inclui deficientes motores, sendo que neste caso terão que marcar com aviso prévio.
(b) dos 6 aos 11 anos de idade (inclusivé).
(c) Núcleos - desde que enquadrados por um responsável do Núcleo, só em grupos superiores a 20 pessoas e a marcação deverá ser feita através do Dep. de Expansão do Sporting.
(d) Séniores - idade superior a 65 anos.

Preços especiais para grupos Escolares.
No caso de visitas de grupo (escolas/instituições) agradecemos a marcação prévia através do tel: 217 516 444.

HORÁRIO DAS VISITAS ESTÁDIO + MUNDO SPORTING

As visitas realizam-se todos os dias nos seguintes horários: 11h30/14h30/16h00.
Em dia de jogo de futebol (equipas A e B) não se realizam visitas ao Estádio.

O percurso e horários das visitas podem sofrer alterações, momentâneas, sem aviso prévio.

HORÁRIO DAS VISITAS MUSEU MUNDO SPORTING

De 2ª a 6ª.feira, das 11h00 as 18h00 (última entrada até às 17h00.)

Em dia de jogo de futebol (equipas A e B) o horário será das 11h00 até 4 horas antes do início do jogo.

HORÁRIO DA BILHETEIRA (SITUADA NO HALL VIP)

Todos os dias (excepto dias de jogo, equipas A e B) das 11h00 às 17h00.

Dias de jogo (equipas A e B): das 11h00 até 4h30 antes da hora de início de jogo.

Tour estádio José Alvalade

entrada pela Rua Professor Fernando da Fonseca (Apartado 4120), descer as escadas e seguir para o lado direito, após alguns metros do lado esquerdo encontram a entrada para o tour do estádio.

1. Visitas Guiadas Estádio José Alvalade - Estádio e Museu Mundo Sporting

- Telefone: (+351) 217516444 / (+351) 707204444
- Fax: (+351) 217516585
- e-mail: eventos.visitas@sporting.pt
- Horário: Todos os dias 11:30, 14:30 e 16:00

2. Visitas de Grupo (acima de 20 pessoas)

- Telefone: (+351) 217516444 / (+351) 707204444
- Fax: (+351) 217516585
- e-mail: eventos.visitas@sporting.pt
- Observações: Só por marcação prévia

3. Visitas Técnicas ao Estádio

- Telefone: (+351) 217516444 / (+351) 707204444
- Fax: (+351) 217516585
- e-mail: eventos.visitas@sporting.pt
- Observações: Só por marcação prévia

Fonte: www.sporting.pt

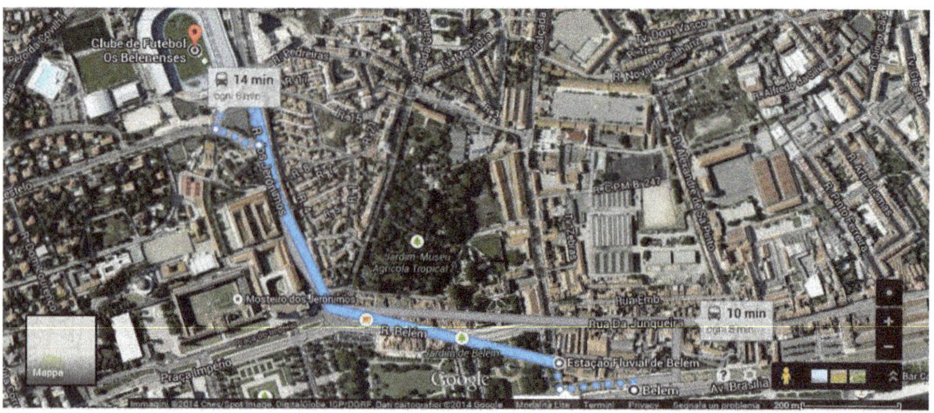

BELENENSES

Internet: www.osbelenenses.pt
Email: mediaoffice@osbelenensessad.com
Tel: (+351) 213010954
Fax: (+351) 211980018
Estádio do Restelo
Endereço: Avenida da Ilha da Madeira1449-015 Lisboa
Inauguração: 1956
Capacidade: 19856

Comboio: Belém
Sair para a Av. da India e prosseguir para a esquerda, na primeira à direita ir em direcção à Praça Afonso de Abuquerque e apanhar o autocarro 728, descer na terceira paragem na Rua dos Jerónimos e ficarão com o estádio à vossa frente.

fonte - http://maps.google.it

Compra de bilhetes
O dia do jogo

Loja do clube
Endereço: Avenida da Ilha da Madeira1449-015 Lisboa
Tel: (+351) 211980024
Dias: segunda-feira – domingo: 10:00 – 21:00
Email: secretaria@osbelenenses.pt

Tour Estádio do Restelo

Email: secretaria@osbelenenses.pt

Tel: (+351) 213010461

Visita ao complexo dos Belenenses (pavilhão, estádio e museu)
- Prática de desporto em várias modalidades
- Campanha do Quilo: A escola incentiva cada aluno a trazer um quilo de bens
alimentares no dia da visita. Uma associação de apoio social estará presente
para recolher os bens alimentares angariados.

O estádio do Restelo é um complexo desportivo que se encontra na área de
Belém. Para além do estádio existe um campo de futebol de 11 usado para a
equipa secundária, um campo de 8, um capo de futsal e o pavilhão oficial
sempre para a o futsal. Por estar localizado numa colina, os vários campos
não estão posicionados ao mesmo nível, como tal, existem degraus que
encaminham literalmente sobre a curva superior do estádio que oferece uma
vista panorâmica maravilhosa da cidade de Lisboa.

ATLÉTICO CP

Internet: www.atleticocp.pt
Email: atleticocp@atleticocp.pt
Tel: (+351) 213637986; (+351) 213648215
Fax: (+351) 213621581
Estádio da Tapadinha
Endereço: Estádio da Tapadinha, 1300 Lisboa
Inauguração: 1945
Capacidade: 12000

Comboio: Alcântara Terra

Saída para a Av. de Ceuta, atravessar a estrada em direcção à pequena rua à direita que leva à Rua da Cruz a Alcântara, virar à esquerda e prosseguir até ao final do muro branco. Vão encontrar duas estradas e deve-se seguir pela da esquerda, estrada do Alvito, e continuar até que se torne Rua Quinta do Jacinto. Ao chegar a um cruzamento seguir para a esquerda. A estrada passará debaixo da ponte e continuando em frente encontram-se escadas que levam ao lado oposto. Virar à esquerda e na primeira rua à direita encontra-se o estádio.

fonte - http://maps.google.it

aquisição de bilhetes
O dia do jogo

loja do clube
Endereço: Estádio da Tapadinha, 1300 Lisboa
Tel: (+351) 210938102
Internet: http://www.atleticocp.pt/cms/index.php?id=loja
Email: sandra.domingues@atleticocp.pt
Tel: (+351) 210938102

visitar o Estádio da Tapadinha

O Estádio da Tapadinha é um estádio de futebol localizado em Alcântara.
Para além do campo principal tem um campo de futebol de 11 e um pavilhão
para o futsal. Entrando para as instalações encontram de imediato à direita
uma loja com os troféus históricos do clube. Seguindo sempre para a direita
são os escritórios do clube usados também como a loja do clube.
A Tapadinha tem as bancadas num único nível, todas brancas com a
escadaria pintada a amarelo. A tribuna de honra é vermelha-amarela-azul as
cores do clube do Atlético.
Subindo até ao topo Na curva da bancada é oferecida uma vista belíssima
tanto do estádio quanto de Lisboa. Saindo pelo mesmo portão de entrada
andando para a direita e entrando na primeira porta a direita podem admirar
o elegante campo de futsal. Prosseguindo nesse mesmo caminho ao fundo
encontram o segundo campo.

ESTADIO DA TAPADINHA

LISBOA À VISTA!

LOJA DO
ATLÉTICO

VIATURAS
ACESSO SÓ A
DIRECTORES
ATLETAS E
FUNCIONÁRIOS

ATLÉTICO   VISITANTE
0   0

CASA PIA

Internet: www.casapia-ac.pt
Email clube@casapia-ac.pt
www.casapia-ac.pt/clube/index.php/ct-menu-item-83
Tel: (+351) 217604310
Fax: -
Estádio Pina Manique
Endereço: Estádio Pina Manique 1500 - 462 Lisboa
Inauguração: 1954
Capacidade: 5000

Comboio: Benfica, seguido de autocarro 750
Saindo da estação na Ruda da Venezuela vêem uma paragem de autocarro do 750 que é aquele que leva até à Estrada da Portela. O estádio fica à vossa frente.

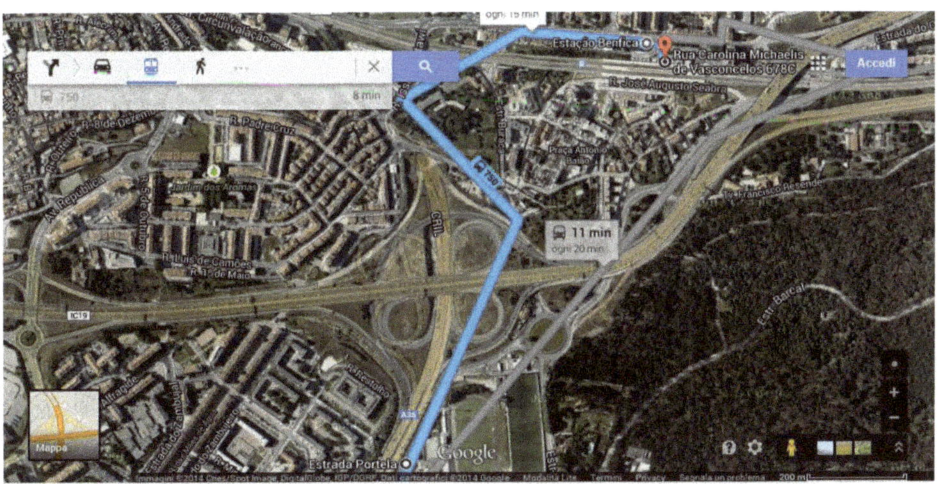

fonte - http://maps.google.it

aquisição de bilhetes

O dia do jogo

loja do clube

Endereço: Estádio Pina Manique 1500 - 462 Lisboa
Tel: (+351) 217604310
Email: www.casapia-ac.pt/clube/index.php/ct-menu-item-83

visitar Pina Manique

O estádio está situado no bairro do Alto da Boavista. Para além do campo principal existem outros dois campos de futebol de futebol de 11, a sede e uma estrutura com todos os troféus históricos do clube. Dado que existem diversas actividades desportivas no clube como o futebol, o futsal, o andebol, karaté, ginástica, o levantamento de pesos, hóquei, ténis de mesa, wrestling, e a pesca, a quantidade de objectos entre troféus, galhardetes, livros, fotografias é de tal forma grande que esta é uma visita que precisa de bastante tempo para a mesma. Façam-se guiar por dirigentes preparados e conhecedores da história do clube e que mostrem o complexo desportivo na sua globalidade.

ORIENTAL

Internet: www.oriental.pt
Email: secretaria@oriental.pt
Tel: (+351) 218681055
Fax: (+351) 218680236
Estádio Campo Eng.º Carlos Salema
Endereço: Rua José do Patrocínio - Marvila
Inaugurado: 1946
Capacidade: 4000

Comboio: Marvila

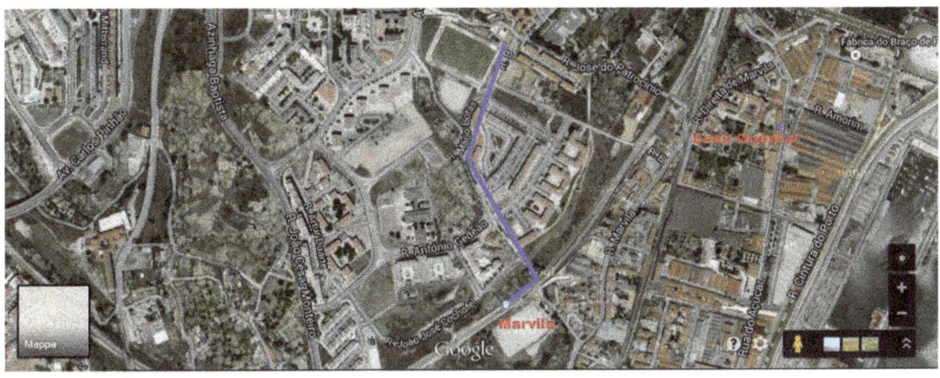

fonte - http://maps.google.it

aquisição de bilhetes

O dia do jogo

loja do clube

Endereço: Praça David Leandro da Silva 22, 1950-064 Lisboa
Tel: (+351) 21 868 1055
Dias: Segunda – Domingo 8:00 – 20:00
Internet: www.oriental.pt/pt/lojagren%C3%A1.aspx
Email: loja@oriental.pt

visitar o estádio Carlos Salema

O estádio está situado no bairro de Marvila. Antes de entrar para o interior do estádio deve-se contornar a estrutura para observar os magníficos murais de grafittis do Oriental. Uma vez no interior do complexo encontram-se os escritórios, balneários, salas de massagem e atravessando um pequeno corredor encontra-se o campo de jogo em todo o seu esplendor. Visitar os vários sectores para admirar os azulejos feitos para celebrar os 100 anos da fundação do clube Chelas que se tornou com os anos e através da fusão com o Marvilense e o Fósforos clube, a actual equipa do Oriental. Os troféus e a loja do clube não se encontram no estádio mas na sede oficial na

Praça David Leandro da Silva 22 a Lisboa

Horário: 9:00 – 11:30 (estádio) / 8:00 – 20:00 (sede)

OLIVAIS MOSCAVIDE

Internet: www.cdom-escolas.bloguedesporto.com
Email: geral.cdom@gmail.com
Tel: (+351) 218511479
Fax: -
Estádio Alfredo Marques Augusto
Endereço: Rua Joao Pinto Ribeiro1800-000 Lisboa
Inauguração: 2012
Capacidade: 3225

metro: Moscavide (linha vermelha)
Saída do metro na Rua João Ribeiro, poucos metros à direita encontra-se o estádio

fonte - http://maps.google.it

aquisição de bilhetes

O dia do jogo

visitar o estádio Alfredo Marques Augusto

O estádio está situado no bairro de Moscavide, Lisboa-Loures. Assim que se atravessa o portão de entrada sobre a esquerda encontra-se o escritório do vigilante (que serve também de loja do clube) e os balneários. Num amplo terreiro existe um campo de futebol de 5 e ao fundo perto do quadro de resultados à moda antiga existe um restaurante. Na parte de trás da tribuna principal existe um pub, do clube de fãs "ultras" do "Mosca" com um belo mural .

CLUBE DESPORTIVO DOS OLIVAIS E MOSCAVIDE

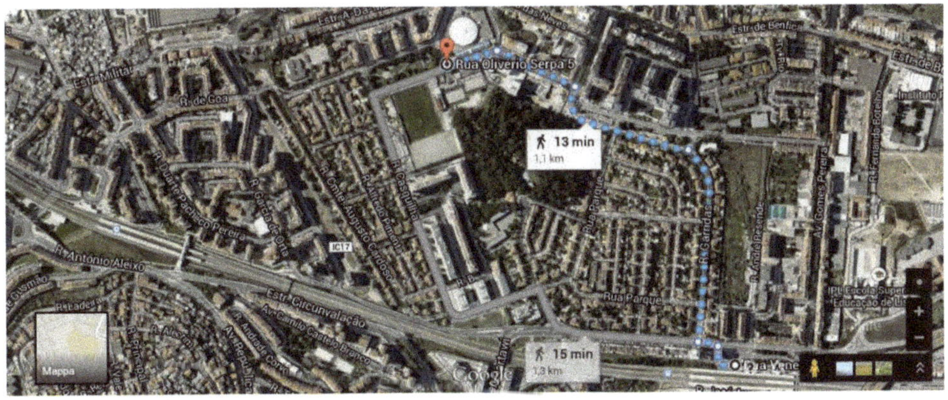

C.F. BENFICA

Internet: www.cfbenfica.net
Email: clube.futebol.benfica1933@gmail.com
geral@cfbenfica.com
Tel: Secretaria: (+351) 964 555 319 (Sr.ª Maria do Carmo)
Aluguer de Ringues: (+351) 960 081 439 (Sr.º Alex)
Gerais: (+351) 217 604 632 / 217 604 085
Fax: (+351) 217603570
Estadio Francisco Lazaro
Endereço: Rua Olivério Serpa
Inaugurado: -
Capacidade: 1500

comboio: Benfica
Saída da estação para na Rua Venezuela virar à esquerda e virar de novo na primeira à direita na Rua Garriodas, prosseguindo na Alameda Padre Álvaro Proença. Virar à esquerda na Rua Nossa Senhora do Amparo e novamente à esquerda na Rua Oliveira Serpa. Ao fim de poucos metros sobre a esquerda encontra-se o portão de entrada para o estádio

fonte - http://maps.google.it

compra de bilhetes
O dia de jogo

loja do clube club shop
perguntar ao staff técnico

visitar o estádio Francisco Lázaro

O estádio encontra-se no bairro de Benfica. Para além do estádio existe também um campo de futebol de 11. Assim que se passa a entrada vermelho-negro vê-se a estátua com o logotipo do clube. Andando para a direita em direcção à tribuna encontra-se o bar, à esquerda subindo primeiro a escada, é-se conduzido ao bar da tribuna e à sede. No interior encontram-se os muitos troféus históricos, camisolas, taças, prémios e galhardetes.

Descendo de novo as escadas e entrando na porta por baixo da tribuna encontram-se as fotografias e artigos de jornal nas paredes a xadrez. Olhando para cima admirem os azulejos do Futebol Benfica e os troféus do clube. No interior encontram-se também os vestiários, as salas técnicas e a sala de fitness.

Horários - 8:00-23:00 (bar)

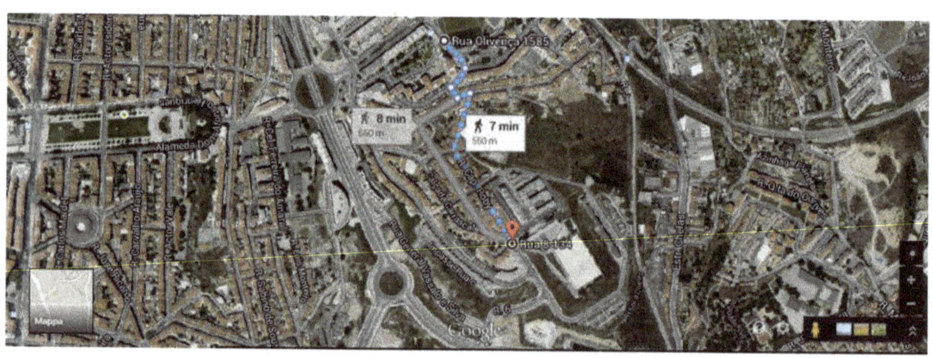

VITÓRIA

Internet: http://www.vcl.pt
Email: vitoriaclubelisboa@gmail.com
Tel: (+351) 218 484 801
Fax: (+351) 218 484 801
Estadio Calçada do Carrascal
Endereço: Rua Silveira Peixoto, PAC | 1900-414 Lisboa
Inauguração: 1944
Capacidade: -

metro: Olaias (linha vermelha)
À saída encontram-se na Rua de Olivença. Seguir à direita e passar por baixo
de uma arcada na Rua Prof. Mira Fernandes. Seguir pela primeira à esquerda
e virar sempre à esquerda na Calçada da Picheleira e logo a seguir na primeira
à direita. Encontram-se na Rua Capitão Roby que se devevrá percorrer até ao
final quando desemboca na Calçada Carrascal 189, onde se deve virar à
esquerda para uma pequena rua e, de frente, encontra-se o estádio.

fonte - http://maps.google.it

compra de bilhetes
O dia do jogo

loja do clube club shop
Endereço: Rua Silveira Peixoto, PAC | 1900-414 Lisboa
Tel: (+351) 218 484 801
Dias: no dia do jogo
Internet: http://www.vcl.pt/?page_id=312
Email: vitoriaclubelisboa@gmail.com

visitar Estadio Calçada do Carrascal

O campo de jogos do Vitória Clube de Lisboa está localizado na Calçada do Carrascal, na zona das Olaias.

Desde Agosto de 2013 que conta com um relvado sintético de última geração, onde se pode praticar futebol de 11 e em alternativa futebol de 7/8.

Desportivamente o VCL contou com diversas modalidades, tais como Andebol de 11, Basquetebol, Atletismo, Voleibol, Karaté (Uma vez Campeões Nacionais), Boxe (Duas vezes Campeões Nacionais 1982 e 1985), Ginástica (Uma vez Campeões Nacionais 1976) onde se destaca como Atleta e Treinador, um dos melhores ginastas português de todos os tempos: José Filipe de Abreu, o ginasta que conquistou maior número de títulos na História da Ginástica Artística Nacional. Esta modalidade chegou a contar com 400 atletas inscritos.

À entrada do estádio a área técnica situa-se à direita e a tribuna principal à esquerda.

OLIVAIS

Internet: www.slolivais.net/principal_ind.html
Email: geral@slolivais.net
Tel: (+351) 21 852 2466
Fax: (+351) 21 852 13 86
Estádio Branca Lucas
Endereço: Rua do Chibuto - 1800 Lisboa
Inaugurado: 1964
Capacidade: 2000

metro: Olivais (linha vermelha)

Sair para a Av de Luanda e virar à direita na Av. de Pádova, depois de alguns metros seguir pela Rua Almada Negreiros, contorna-se o campo e a entrada é na Rua do Chibuto.

fonte - http://maps.google.it

compra de bilhetes
O dia de jogo

loja do clube
Internet: www.slolivais.net/principal_ind.html (loja)
Email: geral@slolivais.net

visitar o Estádio Branca Lucas
O estádio Branca Lucas está situado no bairro Santa Maria dos Olivais em Lisboa. À entrada encontra-se o restaurante, à direita o ginásio, os balneários e lateralmente à tribuna principal existe uma estrutura na vertical com painéis brancos e vermelhos tornando o visual particularmente sugestivo.
Com actividades desportivas para além do futebol de onze em todas as categorias, praticam o futebol de cinco, hóquei em patins e atletismo. Com a conclusão do seu Polidesportivo, pretendem dinamizar outras atividades como o andebol e basquetebol.

SPORT LISBOA E OLIVAIS

COBRADOR SOCIOS

CAMPO DE JOGOS
ANTÓNIO JOAQUIM DA
BRANCA LUCAS

CAC

Internet: www.clubeatleticocultural.com
Email: desporto@clubeatleticocultural.com
       cac.cultural@sapo.pt
Tel: (+351) 217142337
Fax: (+351) 217150051
Estádio Complexo Desportivo Carlos Lourenço
Endereço: Rua Prof. Sedas Nunes 1600-659 Lisboa
Inaugurado: 1974
Capacidade: 500

metro: Pontinha (linha azul)
À saída do metro encontra-se numa praça larga circundada por diversas paragens de autocarros. Seguir à direita em direcção à Estrada Militar para apanhar o autocarro 729 ou o 747 ou ainda o 768 por duas paragens. Nessa paragem sobre a Estrada da Circunvalação andando em direcção ao autocarro e virando à direita na Rua Prof. Arsénio Nunes depois de 300 metros sobre a esquerda encontra-se o estádio.

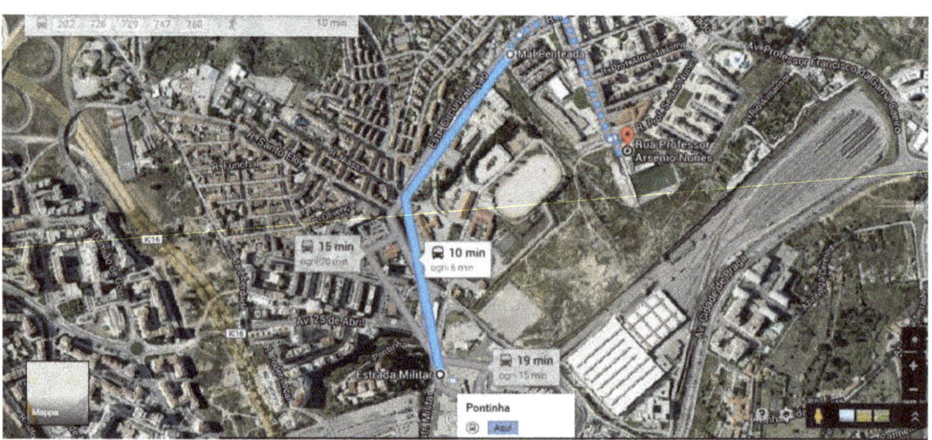

fonte - http://maps.google.it

compra de bilhetes
O dia do jogo

loja do clube club shop
perguntar a qualquer adepto do clube

visitar o complexo desportivo Carlos Lourenço

O estádio está situado no bairro da Pontinha. Junto ao estádio vê-se um muro branco de azulejaria com as cores amarelo-azul. Entrando pela esquerda encontra-se o bar e à direita estão os escritórios com as taças, galhardetes, cachecóis, troféus e objectos históricos do clube.
Chegados à proximidade do estádio encontram um muro branco com a colorida azulejaria amarelo e azul.
No interior do complexo existem dois campos de futebol de 11, um para treinos sem tribuna, e o outro é o estádio principal para os jogos importantes. Neste campo o CAC organiza o "Torneio Internacional de futebol infantil", um acontecimento anual muito importante. No interior, os balneários são novos e muito bem cuidados, com paredes de xadrez amarelo e azul, as cores do clube.

Internet: www.jamor.idesporto.pt/index.php?s=white&pid=7
Email: reservas.jamor@ipdj.pt
Tel: (+351) 214 156 401 – (+351) 214 156 400
Endereço: Praça da Maratona 1495-751, Cruz Quebrada- Oeiras
Inaugurado: 1944
Capacidade: 37500

comboio: Cruz Quebrada
importante: Os comboios em direcção a Cascais que páram nesta estação devem ter escrito "Todas", vísivel na carruagem da frente por cima da cabine do maquinista. Os restantes comboios não param nesta estação. À chegada segue-se pela rua que leva à Avenida Ferreira Godinho, atravessa-se a Avenida Marginal e caminha-se do lado esquerdo na Av.Pierre de Coubertin. Desse ponto pode-se seguir pela viela ladeada de árvores que sobe, ou se se quiser pode-se atravessar o belo Parque urbano do Jamor, que vai dar à praça do estádio.

fonte - http://maps.google.it

compra de bilheres

O dia do jogo

visita do Estádio Nacional

O Estádio Nacional do Jamor, é um complexo futebolístico de Lisboa e administrativamente localizado no vale do rio Jamor, no concelho de Oeiras, muito perto da capital. Propriedade da Federação Portuguesa de Futebol actualmente recebe os jogos da Federação Nacional e, a final da Taça de Portugal masculina e feminina.

Chegados perto do estádio encontra-se uma larga praça com um monumento ao centro para um dos maiores jogadores do futebol português, Eusébio. A entrada é um pouco mais adiante do lado esquerdo, onde se encontra uma pequena casa branca. Já no interior dirijam-se à recepção mostrando o papel com a reserva do tour. O estádio está completamente envolto no verde da colina do Jamor, uma ampla bacia panorâmica, com cheiros de histórias futebolísticas.

Percorra-se a pista de atletismo para admirar as bancadas e a entrada subterrânea que leva aos balneários (fechados) e subam-se os degraus das bancadas para admirar a vista panorâmica no topo. A partir das tribunas percorra-se a circunferência do complexo desportivo. Pode-se visualizar as antigas casas-de banho divididos para homens e mulheres, o bar e os torniquetes que dão acesso à entrada no estádio. Da parte de baixo admirem-se os imponentes focos de iluminação do campo de jogos.

Equipamento
Campo de jogo em relva natural de 105x68m, com iluminação artificial
Pista de Atletismo com 8 corredores de 400m
Zonas para Salto em Comprimento e Triplo Salto
Vala para Corrida de Obstáculos
6 Balneários
Auditório/Sala de Conferências
Bar/Cafetaria
3 Parques de estacionamento para 5.000 viaturas

Período de Funcionamento
Relvado: todos os dias, das 8h00 às 22h00
Pista de Atletismo: às terças, quartas e sextas-feiras, das 7:00 às 20:00 (com iluminação mínima), restantes dias das 7:00 às 18:00 no horário de inverno. Todos os dias, das 6h30 às 21h00 no horário de verão.

Fonte: http://jamor.idesporto.pt

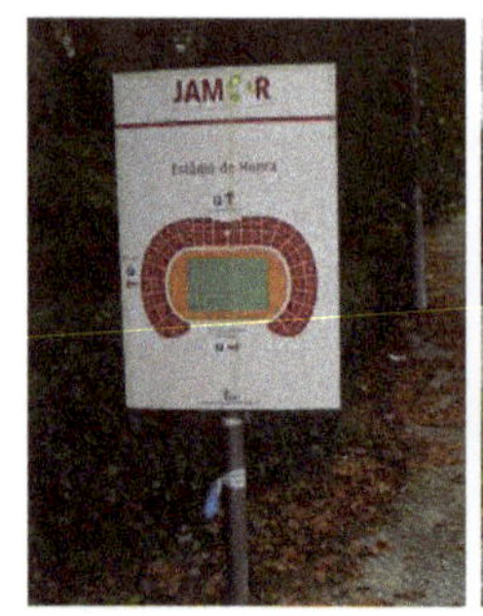

COMPLEXO DO LUMIAR

Email: cdesp.alumiar@cm-lisboa.pt
Tel: (+351) 218 170 137
Fax: (+351) 218 170 137
Estádio Campos de Futebol do Complexo Desportivo do Alto do Lumiar
Endereço: Rua Victor Cunha Rego 1750 - 265
Inauguração: 2006
Capacidade: 3000

metro: Lumiar (linha Amarela)
Saída para a Rua Cordeiro Ferreira, segue-se na primeira rua à esquerda e volta-se à direita na Alameda das Linhas de Torres. Mantendo-se à direita, apanha-se o autocarro 206 ou o 717 ou o 777 e descer na quarta paragem. Andar sempre em frente até ao final da estrada e encontram o estádio à vossa frente.

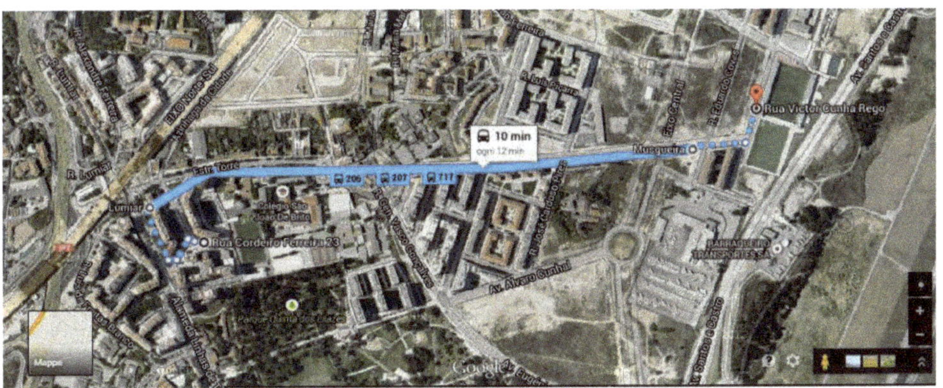

fonte - http://maps.google.it

aquisição de bilhetes
O dia do jogo

loja do clube club shop
Perguntar no bar e na loja das Águias da Musgueira
Perguntar no bar do Alto do Lumiar

visitar o Complexo Alto do Lumiar

O complexo Desportivo Alto do Lumiar é um estádio localizado no Lumiar, Lisboa. É composto pelo estádio com campo de futebol de 11, um campo de 11 para os treinos e um campo descoberto de futebol de 5 para o futsal, no lado oposto à tribuna principal.
A entrada para o estádio faz-se pela pequena estrada cimentada entre os dois campos. À esquerda encontra-se uma escada que leva ao bar das Águias da Musgueira. Antes de entrar sigam até à curva para ter uma vista frontal da tribuna. Atravessando o bar e saindo pela porta de dá sobre a tribuna pode-se ver o interior do estádio.
Seguindo até ao lado oposto chega-se diante da porta do outro bar da equipa das Águias de Lisboa (onde se pode comprar camisolas e cachecóis). Descendo as escadas que vos levam para fora do estádio e, andando para a direita ao longo do muro chega-se em frente ao campo de futsal.
Continuando a caminhar à volta do complexo desportivo vê-se a outra tribuna à qual não se tem acesso por serem apenas escritórios.Regressa-se de novo ao ponto entre os dois campos. Nesse ponto encontram-se os balneários das equipas e a loja das Águias da Musgueira onde se podem comprar as camisolas.

Horário

Encerrado de 21 de julho a 10 de agosto

(No período de encerramento, os Serviços Administrativos funcionam no seguinte harário:

2ªf. a 6ªf. - 9h00 às 17h00)

11 a 31 de agosto:

2ªf. -6ªf.: 08h30 - 20h30

Horário normal de funcionamento:

2ª a 6ª feira - 08h00 às 23h30

Sábado - 08h30 às 21h30

Domingos/Feriados - 08h00 às 20h30

Fonte: http://www.cm-lisboa.pt

R. ÁGUAS DA MUSGUEIRA

4. ESTÁDIO NACIONAL

O estádio nacional merece um capítulo à parte pela sua importância na história dos estádios de Lisboa e de Portugal.

O Estádio Nacional do Jamor, Estádio Nacional ou apenas Estádio do Jamor é o Estádio Nacional de Portugal, localizado no vale do rio Jamor, na freguesia da Cruz Quebrada - Dafundo, no concelho de Oeiras. O estádio encontra-se integrado no Centro Desportivo Nacional do Jamor. Inaugurado a 10 de junho de 1944, o Estádio Nacional foi uma criação do Estado Novo, que procurava com este novo recinto não só a promoção da prática do desporto, mas também a criação de um espaço para manifestações públicas inspiradas nos princípios políticos vigentes. Para que o projecto do ministro das Obras Públicas, Duarte Pacheco, fosse uma realidade, foram consultados diversos arquitectos, entre os quais, Francisco Caldeira Cabral, Konrad Wiesner, Jorge Segurado e Miguel Jacobetty Rosa. É deste último a paternidade do projecto do Estádio de Honra. Influenciado por obras como o Estádio Olímpico de Berlim, a edificação do Estádio Nacional levou cinco anos a ser concluída - desde a planificação (1939) até à sua construção -, sendo, mais tarde, inserido no Complexo Desportivo do Jamor, uma ilha verde no seio da Área Metropolitana de Lisboa. Um conceito como uma obra de «grande efeito cénico», o estádio está perfeitamente alinhado com os pontos cardeais, com as duas curvas opostas respectivamente a norte e a sul e, a tribuna oriental deixada aberta por forma a permitir a entrada pelo plano térreo.

Insere-se de forma harmónica no interior do parque desportivo do Jamor, no concelho da cidade de Oeiras, a poucos quilómetros do centro da cidade de Lisboa e, mesmo mantendo aspectos de monumentalidade em linha com a doutrina do regime, consegue conjugar o « aspecto de anfiteatro da antiga Grécia» e uma linha arquitectónica moderna e funcional.

O complexo foi ultimado em 1944 e inaugurado a 10 de Junho do mesmo ano com uma celebração propagandística contando com a presença de Salazar. No ano de 1946 o novo estádio, denominado Nacional, recebeu a final da Taça de Portugal, a primeira que teve lugar a 30 de Junho do mesmo ano, quando a final juntou dois clubes de Lisboa, o Sporting e o Atlético desse tempo. Apenas outras cinco ocasiões a final teve lugar num estádio diferente (quatro vezes no Porto, no Estádio das Antas, e noutra ocasião num outro estádio de Lisboa, Alvalade, estádio do Sporting até 2003.

O estádio Nacional é propriedade da Federeção Portuguesa de Futebol e a primeira competição internacional a ser acolhida foi a edição de 1950 da Taça Latina tendo todos os jogos sido realizados naquele complexo.

Um ano antes, a 3 de Maio de 1949, o Estádio Nacional foi o palco para o último jogo da equipa do Grande Torino: a convite dos dirigentes benfiquistas, que tinham decidido organizar um jogo em homenagem ao seu capitão Francisco Ferreira, o Torino encontrou-se em Portugal para disputar um jogo amigável contra a equipa de Lisboa. O jogo terminou 4-3 para os portugueses e no regresso da equipa a Itália, o avião em que viajavam caiu na colina de Superga sobre Torino, causando a morte de todos os jogadores e seus acompanhantes.Em 1967 o estádio nacional foi a sede da final da Taça dos Campeões entre os escoceses do Celtic e os italianos do Inter. Naquele dia em campo pelo Inter, derrotada 1-2 pela formação britânica, jogava Sandro Mazzola, filho de Valentino que 18 anos antes tinha disputado o encontro com o Benfica. Pese embora o passado de utilização regular da selecção nacional portuguesa quando disputava os seus jogos internos em Lisboa, e, apesar do estatuto oficial, ainda hoje de estádio nacional, o estádio é penalizado pela ausência de cobertura em qualquer ponto dos mesmo, facto que levou a federação a organizar alguns jogos internacionais de relevo noutros estádios nas cidades, como por exemplo no moderno(completamente reestruturado em 2004) estádio da Luz, propriedade do Benfica.

Bilhetes de metrô podem ser comprados ao auto serviço diretamente na paragem do autocarro. Para chegar ao centro e quase todos os lugares em Lisboa, você deve comprar um único bilhete, que custa € 1,25 além de preço (€ 0,50) Cartão Viva Viagem, verde card, recarregável transportes urbanos mais tarde para outras viagens de metro, autocarro, navio ou trem. O metrô funciona das 06:30 à 01:00 da noite.

Teletáxis: tel. (+351) 218 111 100
Rádio Táxis de Lisboa: tel. (+351) 218 119 000
www.trasportelisboa.pt
www.metrolisboa.pt
www.carris.pt
www.cp.pt

6. COLABORAÇÃO

Stefano Vai – groundhopper europeo, colaborador

Anabela Simões Fereira – tradução

Finito di stampare nel mese di Maggio 2016
per conto di Youcanprint *self - publishing*